48

_b 2629.

# UN MOT

## SUR, POUR ET CONTRE

# LE RAPPORT

### FAIT A LA CHAMBRE DES PAIRS

### PAR M. LE DUC DE LEVIS..

Le flot qui l'apporta recule épouvanté.

# PARIS,

### CHEZ LES LIBRAIRES DU PALAIS-ROYAL.

MAI 1824.

# UN MOT

## SUR, POUR ET CONTRE

# LE RAPPORT

### FAIT A LA CHAMBRE DES PAIRS PAR M. LE DUC DE LEVIS.

En 1816, un noble Duc, qui ne le cède à aucun autre Pair, en fait de noblesse, en s'opposant au plan extravagant d'un commis des finances, s'écriait, aux premières pages de son écrit ( *Considérations morales sur les Finances,* par M. le duc de Levis, page 3 ) :

« C'est un des inconvéniens du gouvernement représentatif, et il est irrémédiable, que l'élection confère le droit et l'obligation de prononcer, sans y être préparé par l'étude et la réflexion sur des affaires aussi importantes que difficiles ; de décider, sans connaissances préliminaires, les questions les plus ardues. L'élévation à la pairie ajoute encore à ces priviléges, peut-être excessifs, le droit d'exercer une juridiction capitale. Mais sans doute, aucun des membres de ces deux grands jurys ne se croit transformé tout-à-coup en magistrat, en politique, en financier. Je suis fort loin, pour ma part, d'une semblable présomption.»

Sans doute, ou les choses ou les hommes, et peut-être les unes et les autres, ont tout-à-fait changé de nature, depuis ces temps déjà surannés, puisqu'à cette heure, les rapports faits à la Chambre des Pairs ne sont distribués aux membres de la Chambre que la veille du jour où s'ouvre la discussion, et se cachent, se dissimulent aux regards du simple particulier ; de sorte qu'on n'a pu obtenir celui de M. le duc de Levis qu'en forme de prêt et pour quelques heures, de la part d'un de ses collègues.

Avant de l'avoir lu, il étoit difficile de concevoir aucune crainte sur le résultat de son travail, attendu que ses principes avaient été exposés et développés dans l'écrit ci-dessus, avec un tel caractère et de justesse et d'énergie et de loyauté, qu'on ne pouvait supposer qu'une courte période de huit années, que le retour de l'année climactérique, dont l'influence, encore incertaine à l'égard de la santé, se montre et se démontre de jour en jour plus évidente, sous le rapport des consciences, eût agi en aucune manière sur un esprit aussi profond, sur une âme aussi élevée.

Et quel est l'homme qui n'aurait pas éprouvé cette quiétude absolue de la pensée, qui ne se fût pas abandonné à l'innocence des plus doux espoirs, pour peu qu'il eût pris lecture des nobles phrases qui y sont répandues avec prodigalité !

(Page 135 et dernière.) « Soyez meilleurs, vous serez plus heureux..... Soyez justes, *vous serez plus riches.* »

(Page 131.) « Nous ne voyons pas, nous ne voulons pas voir que, sans la religion, la vertu qui paraît la plus ferme n'offre qu'une faible garantie, et que l'honneur lui-même n'est pas sûr du lendemain. »

On revient, ou plutôt on arrive à l'examen du rapport. Il a fallu plus de temps pour imaginer un titre que pour accomplir le travail : *Un mot sur, pour et contre le Rapport,* tel est celui qui a mérité enfin la préférence. Il exprime l'opinion qu'a suscitée le rapport, et qui va être développée ; et de plus, n'est-il pas en parfaite harmonie avec le rapport lui-même, qui sans doute, si les convenances l'avaient permis, aurait été intitulé : *Rapport sur, pour et contre le projet de loi.*

On commence par la fin. Chose étrange à l'idée et cependant commune en fait ! ainsi qu'il arrive au tribunal de la pénitence, qu'après avoir vainement délayé et pallié des peccadilles qui n'en valaient guère la peine, c'est au dernier moment, à ce terme fatal où le mot sacré de l'absolution, prêt à descendre sur la tête coupable, frappe et atterre l'âme d'un effroi salutaire, de l'effroi du sacrilége, que la parole enfin, jaillissante des sources vives du for intérieur, vient à forcer, à briser toutes les digues de la honte et de la vanité, et manifeste enfin à la lumière, dans toute leur nudité, les secrets trop long-temps dissimulés de la conscience.

Ainsi, quoi que veuille ou doive l'homme, quoi que fasse et dise l'homme, au bout de trente pages d'argumens dilatoires, comminatoires, contradictoires, qui ont été comme dictés et imposés par des motifs d'ordre étranger, d'ordre hétérogène, si l'on peut parler ainsi, tout-à-coup, et c'est aux dernières lignes de l'avant-dernière page, la pensée qui est à lui, la vérité qui est en lui se fait jour cependant à travers tant d'obstacles, en dépit de tant d'efforts, impatiente de se montrer dans toute sa lumière, et indomtable, inexpugnable, irrésistible, de sorte à soumettre d'abord et les esprits à qui elle est transmise, et qui plus est, l'esprit même qui l'a transmise.

( Page 3o. ) « Nous y ajoutons le vœu déjà exprimé, que par un mode quelconque, on vienne au secours d'une classe qui mérite intérêt ; nous savons qu'elle n'a pas un droit [rigoureux à cette préférence ; mais, vous le sentez comme nous, messieurs, lorsque l'humanité réclame, les principes peuvent fléchir. »

Honneur et gloire à vous, noble duc, noble Lévis, noble chevalier des temps antiques, noble chevalier d'honneur d'une princesse, toute Bourbon, de toutes les sources de son sang, toute Bourbon, de tous les sentimens de son cœur!

Gloire à vous, à vous toujours le même en 1816 et 1824, à vous qui fûtes inspiré jadis de ces touchantes paroles qu'on éprouve tant de charmes à transcrire ici :

« Par une funeste inconséquence, dont les suites incalculables ont fait verser bien des larmes et même beaucoup de sang, les hommes les plus probes, du moment qu'ils devenaient ministres, se faisaient, pour ainsi dire, une autre conscience. Au moindre embarras, on les voyait rendre des ordonnances qui ruinaient des milliers de familles, dont tout le crime était d'avoir eu confiance dans le Gouvernement, en plaçant, sous sa garantie, les épargnes de leur économie, les fruits de leur laborieuse industrie : du même coup, les dépôts les plus sacrés, la dot de l'épouse mineure, l'héritage de l'orphelin, étaient mutilés ou détruits. Ces iniquités, etc. etc. ( *Considérations morales*, page 44.)

Il est impossible de parler plus humainement, plus équitablement ; mais aussi il est impossible de parler dans un sens plus opposé aux discours du Ministre, comme il sera facile de le voir dans les brochures qui ont déjà été publiées. Et qui doit l'emporter? C'est sans doute le noble duc s'exprimant au nom de la commission, s'adressant à l'âme des Pairs de France.

Cependant l'exécution d'un tel vœu peut-elle être confiée à la volonté de ceux-là mêmes qui s'opposaient au principe? L'exécution en doit-elle être abandonnée à l'arbitraire, à la partialité de leurs bureaux, qui n'ont jamais reconnu aucun principe?

On suppose pour le moment, avec le rapporteur, qu'il n'existe pas un droit rigoureux, en légalité, veut-il dire : mais l'humanité, l'équité sont également investies d'un droit rigoureux. Leur droit sera-t-il donc délaissé aux soins du hasard? Votre devoir sera-t-il accompli comme en sorte d'aumône? Se verront-elles condamnées à mendier aux pieds des durs commis, quelques modiques, quelques fugitifs secours, ces innocentes victimes que vous dévouez, que vous traînez gémissantes aux impitoyables autels du fisc!

Non, cela ne se peut. On appliquera ici les expressions du Ministre : vaudrait mieux mille fois que le droit ne fût pas reconnu; et pourquoi n'ajouterait-on pas eu ses propres termes : *mieux vaudrait mille fois* que la loi fût rejetée?

Poursuivons l'examen, et ne nous arrêtons pas sur ces mots échappés à la plume (page 3o) : « Le droit de remboursement est imprescriptible, et il appartient à la nation. »

*La nation.* Il y a long-temps que ce mot n'avait offusqué les yeux et n'était revenu à l'esprit, destiné qu'il est à lui rappeler tant de douleurs, à le torturer de tant de présages. Sans doute; s'il existe un droit, il appartient à quelque être abstrait, à l'Etat, au Trésor, comme il plaira. Mais que sert de déclarer qu'il est imprescriptible? Cela prouverait qu'il n'a pas cessé, et non pas qu'il ait existé. Avant de vivre, la première condition est de naître.

(Pages 3o et 31) « Quant à l'utilité de la loi proposée, la majorité de vos commissaires pense qu'elle aura des avantages immédiats et de plus grands encore pour l'avenir. »

Quelle est la majorité? quatre contre trois; partant, un septième de la commission. N'eût-elle été que de six membres, il y avait égalité de suffrages; eût-elle été de huit ou de neuf membres? la majorité pouvait être en sens contraire. Et quel est donc ce droit exorbitant déféré aux chances du sort, de prononcer sur la fortune et l'existence de quatre cent mille âmes?

Maintenant, que faut-il présumer du scrutin

*

de la Chambre , où les esprits doivent être plus indépendans, où le temps écoulé a porté plus de lumières? Sur cent quarante membres, il y aurait, dans la proportion des chiffres , quatre-vingt contre soixante ; majorité de vingt, ensorte qu'onze votes , en se retournant, la fixeraient en sens inverse ; et, dans une autre proportion, qui est presque certaine, il y aura peut-être soixante-quinze voix contre soixante-cinq, majorité de dix ; de manière que six votes, en changeant, donnaient une majorité contraire.

Donc six votes, à eux seuls, auront prononcé, car tous les autres étant marqués par moitié du signe positif et du signe négatif, se balancent, s'effacent mutuellement et restent comme non advenus. Or, ces six votes, ou plutôt les six nobles pairs dont ils sont émanés , que pensez-vous de la révolution qui s'opérera tout-à-coup dans leurs esprits , rien qu'à considérer combien est faible cette majorité , et plus encore en réfléchissant qu'ils la forment et l'imposent à eux seuls ! Quel trouble s'élève au sein des consciences, quel doute s'insinue dans les opinions ! « N'avons-nous pu nous tromper, ne nous sommes-nous pas trompés ! » Telle est leur douloureuse anxiété.

Que le hasard même , que la douleur ou le besoin peut-être, pousse et jette alors sous leurs regards, quelqu'une des victimes ! La balance des réflexions étoit déjà bien vacillante : c'est assez d'un grain, d'un scrupule de pitié, pour détruire l'équilibre et précipiter le bassin où il sera tombé.

Et qu'auront-ils fait ? qu'aurez-vous fait vous-même, membres de la Chambre ? Du mal pour eux et pour vous ; du mal pour les rentiers ; du mal pour les royalistes ; du mal, un jour venant, et pour le trône et pour l'autel ; rien que du mal.

On n'a pas le temps d'exposer ici la conséquence qui doit être déduite de ces faits simples, laquelle exigerait l'établissement d'un autre mode de délibération, d'un mode tel que des épreuves provisoires, faites avant la résolution finale, dussent, si l'on peut parler ainsi, assurer le pavillon et garantir, qu'après le scrutin, il ne pourrait s'opérer des changemens d'opinion qui annullent, en droit, la loi adoptée en fait.

Mais on doit, afin d'exciter un effroi salutaire sur la puissance concédée à une si minime majorité dans des circonstances semblables, rappeler ici les propres paroles du rapporteur, dans l'écrit déjà cité. « Remarquons avant tout que les gouvernemens devraient montrer une probité d'autant plus scrupuleuse envers leurs créanciers, qu'ils ont sur eux un pouvoir sans appel, enfin, qu'ils sont véritablement *juges* et *parties*. Dans une pareille situation, un homme délicat *se con* -

*damne* pour peu qu'il y ait le MOINDRE DOUTE. »
(Page 95). Hélas ! peut-on mieux dire ?

Cependant, le rapport se termine par cette
phrase : « Nous l'avons déjà dit, nous n'avions
point à examiner si, par d'autres combinaisons,
on pouvait arriver au même but avec plus d'a-
vantages. C'est sur le projet de loi tel qu'il nous
est présenté, qu'il s'agit de statuer (page 3o). » Et
plus haut, il s'exprimait ainsi : « Nous n'avons que
le droit d'approuver ou de rejeter les lois qui
nous sont apportées au nom du Roi..... Ce serait
usurper l'initiative royale, que de prétendre y
substituer des vues différentes sous prétexte d'a-
mendement. ».

Les réflexions se présentent en foule.

Première réflexion. Combien de fois la Chambre des Députés, qui n'est pas plus en droit que
celle des Pairs, n'a-t-elle pas amendé, réformé et
transformé des projets de lois ? Et qu'il était facile, sans usurper l'initiative royale, de parler au
ministre avec franchise et fermeté, dans le sein
de la commission, en telle sorte que les changemens fussent à la fois acceptés et proposés par lui-
même !

Seconde réflexion. Il faut approuver ou rejeter ;
la Chambre n'a que le droit d'élire entre deux al-
ternatives, de faire l'option. Eh ! mais, cette option

n'est pas comme celle imposée aux rentiers. On
a dit ailleurs comment en choisissant ils ne choi-
sissaient pas. Il en est autrement des Pairs de
France ; leur liberté est entière, absolue, et toute
la responsabilité morale pèse donc sur eux : c'est
à cet égard que s'exercerait utilement la faculté
de la prévision.

La commission n'a pas osé substituer des vues
différentes, et elle n'a pas voulu convenir à l'a-
miable, des changemens désirables. On ne peut
nier que son principe est loyal, royaliste, pour
dire mieux. Mais il était légal et donc royaliste
tout de même, de rejeter la loi, à l'effet d'obtenir
un projet plus convenable. Si par malheur il ve-
nait à passer en usage, qu'entre ces deux alterna-
tives les Chambres ne doivent pas élire l'une et ne
veulent pas élire l'autre, de ce jour, il n'y a plus
de Chambres, plus de Charte, plus de Roi que de
nom, rien que des Ministres, qu'un Ministre.

*Il faut approuver ou rejeter.* Cela est vrai quand
il y a péril en la demeure ; quand il y a urgence
et nécessité ; quand il s'agit d'une loi réclamée par
des besoins sentis et pressans, et même, dans ce
cas, il faut parfois accepter, bien que la loi ne
semble pas la meilleure possible.

Mais ici, la chose est toute différente : depuis
tantôt trois cents ans, la France s'était fort bien

passée d'une loi de remboursement. Les pauvres rentiers n'en aimaient pas moins leur Roi ; les agioteurs n'en escroquaient pas moins de fort jolis bénéfices ; le luxe de Paris était tout aussi insolent et la misère des provinces tout autant déplorable.

Quel risque y avait-il donc de rejeter le projet ? Nul autre, sinon qu'il n'en fût pas présenté un nouveau ; et dès-lors on restait *in statu quo*, on consacrait l'*utique possidetis*.

Quel profit y avait-il à l'adopter ? Nul autre, sinon de perdre nécessairement le ministère actuel, lequel, en adhérant au rejet, ou même en s'en plaignant, pouvait aussi bien rester en place, tandis qu'il lui sera impossible de résister aux désastres qui doivent provenir de la loi et seulement au cri général de réprobation dont elle est frappée.

Troisième et dernière réflexion. Celle-ci est plus simple encore, plus irréfragable ; elle se rend en deux mots. La majorité de la commission est contre le projet.

C'est-à-dire qu'elle aurait préféré qu'il n'eût pas été présenté ; que, devant être présenté, elle aurait désiré qu'il eût été rédigé dans des vues différentes, et, qu'en l'adoptant, elle ne se décide que par des considérations étrangères à la question de savoir s'il est juste et utile.

On n'a eu d'autre objet, dans ce travail, que de démontrer cette vérité.

Il en a déjà été donné plusieurs preuves dont la plus frappante consiste ·dans le ·vœu émis par la commission qu'on vienne au secours des petits rentiers; mesure qui a semblé au ministre tellement inconciliable avec la loi, que, dans la séance du 5 mai, il s'est écrié : *mieux vaudrait mille fois qu'elle fût rejetée.*

Or, ce vœu de la commission n'est point un vœu de courtoisie, car celui qui parle en son nom est le même qui s'exprimait avec tant de force sur les malheurs occasionés par les réductions. C'est le même qui ajoutait aussitôt : « Ces iniquités dont le retour fréquent diminuait l'odieux aux yeux du vulgaire irréfléchi, avaient leur source dans les abus des siècles passés..... Il résultait du désordre inconcevable des finances, que le public regardait ces réductions multipliées comme des espèces de représailles qu'il était juste d'exercer contre des brigands enrichis des dépouilles du fisc. » (page 45.)

Et maintenant qu'il ne s'agit plus de représailles, qu'il ne s'agit plus de brigands, du moins en parlant des rentiers; maintenant qu'il n'est question que de leurs dépouilles et non pas de celles du fisc, avec quelle énergie plus vive encore le noble duc n'aurait-il pas écrit!

On va poursuivre rapidement la série de

preuves qui viennent à l'appui, en parcourant le rapport.

(Page 14.) « Un membre de la commission a remis un tableau, d'où il résulte qu'en supposant la dette rachetée en vingt ans, il n'y aurait de bénéfice que la modique somme de 8,000,000; avantage assurément mime et nullement équivalent au trouble qu'une ausi grande opération mettra dans des milliers de fortunes privées. »

Non, on ne croira jamais, on ne croit pas du tout que le noble rapporteur, en admettant un bénéfice de 200 et 400,000,000, le trouverait *équivalent* au trouble, autrement dit à la ruine de tant de milliers de familles, dont tout le crime était d'avoir eu confiance dans le Gouvernement.

(Page 15.) « La supposition du cours moyen des 3 pour 100 à 87 est chimérique..... Le calme et la paix, source de toutes prospérités, ne sont jamais de longue durée : les guerres et les troubles intérieurs reviennent, à de courts intervalles, affliger l'espèce humaine. »

On trouve, dans les *Considérations morales*, (page 98) un développement plus étendu de cette pensée si juste. « Tout influe sur l'atmosphère du temple de l'agiotage : les craintes pusillanimes, les espérances de la cupidité, les spéculations, étrangères, les nouvelles vraies et controuvées, tout, jusqu'au bruit le plus absurde. Aussi le baromètre s'y tient constamment au variable, et jamais il ne marquera le beau fixe. »

Ne serait-il pas ridicule de s'imaginer qu'un esprit aussi droit, aussi sain, après avoir exprimé ainsi le résultat d'une longue expérience, le résumé des plus profondes réflexions, eut été capable d'approuver un projet qui réclame dix-huit mois pour son exécution, qui ne peut s'accomplir qu'au moyen d'un cours long-temps maintenu en hausse, et qui, s'il advenait quelque baisse à la traverse, précipiterait et Paris et la France dans une catastrophe dont il n'y eut jamais d'exemple !

( Page 16. ) « On a prétendu donner à la Caisse d'amortissement un caractère de perpétuité, indépendamment du législateur ; enfin on a été jusqu'à soutenir ( et ce sont des ministres qui l'ont dit, avec plus de zèle pour le crédit du moment que de réflexion ) que les fonds d'amortissement n'étaient pas moins sacrés que ceux de la dette ... Non l'Etat ne doit aux créanciers que le service exact des arrérages.

*Or, ces ministres qui l'ont dit,* c'est un seul ministre, le ministre unique : et son écrivain qui perd et retrouve les milliards, a déclaré que l'Etat était engagé à racheter les 5 pour 100 jusqu'au prix de 100 fr ( *Paroles de justice,* etc., page 17. )

Ainsi il y a désaccord complet entre les sages vues du rapportaur et les desseins du ministre. Il y a dissidence quant aux choses, et défiance, ce semble, quant aux personnes. Ce que veut celui-ci n'est pas voulu par celui-là ; ce qu'entend le second n'est pas entendu de même par le premier.

( Page 28. ) « Ce n'est donc qu'avec un vif regret, partagé, nous n'en doutons pas, par le ministre lui-même, que nous l'avons vu s'écarter du principe de la publicité, pour obtenir un avantage qu'il regardait comme supérieur à toutes les considérations. »

Qu'on pèse bien les mots : ils sont assez significatifs et n'exigent point de commentaire.

( Page 29. ) « C'est encore le défaut de publicité qui nous empêche de décider en parfaite connaissance de cause si les frais de négociation ne sont pas exagérés.... Les dépenses des banquiers, en y comprenant même les chances fâcheuses, nous paraissent, du moins autant que nos conjectures peuvent s'étendre, hors de proportion avec la commission qui leurest allouée ? »

Dans ce passage, l'expression est encore moins voilée : le reproche, le blâme même, pour le rendre d'une manière polie, ne peut guère se rendre ave plus de force.

Et cependant on s'étonne de plus en plus, on

est tout-à-fait embarrassé de s'expliquer à soi-
même comment après une opposition aussi frappante dans les idées, comment après une scission
au moins probable entre les personnes, la majorité de la commission s'est laissé induire à pro-
poser l'adoption de la loi.

Il y a là-dedans, il y a là-dessous plutôt, ou
une énigme dont on ne peut deviner le mot, ou
un problême dont on ne veut pas publier la solu-
tion. Que ce soit l'un ou l'autre, on gardera de
même le silence; et c'est avec d'autant moins de
regret, que celui qui ne serait pas éclairé par les
lumières de son esprit, se refuserait obstinément
à recevoir celles qui lui seraient portées.

En somme, c'est une loi que n'entend pas le
ministre lui-même et que n'approuvent pas les
Chambres; c'est une loi où tout est dans le vague
et sous l'ombre, soit le traité passé avec les banquiers, soit la durée et la puissance de l'amortissement, soit la latitude de délai pour la prétendue
option.

Et chose encore plus inconcevable, c'est une
loi qui suppose la légalité, tellement controver-
sée, de la faculté de remboursement, qui autorise
les ministres à agir ; en tant que cette faculté
existe, sans avoir osé la reconnaître et la consa-
crer; qui établit ainsi en état de litige le Gouvernement vis-à-vis des créanciers, bien qu'il n'y ait

point de tribunal compétent ; qui enfin, suivant l'expression de l'auteur des *Considérations*, sanctionne tacitement cet abus de la force, par lequel l'*Etat se rend juge et partie*, et le dégage de ce principe qui oblige un homme délicat à se condamner dans un cas pareil, pour peu qu'il y ait *le moindre doute.*

C'est une loi qui est le moins loi qu'il soit possible dans son esprit et dans son texte, le pius loi qu'il soit possible dans la rigueur, dans la dureté de son exécution ; une loi qui est lancée, à peine à sa première ébauche, par le pouvoir législatif, et remise, délaissée, abandonnée, pour son immense développement, à l'arbitraire de la volonté ministérielle.

Si bien que quand même *le Projet* serait revêtu de toutes les formes législatives, on se croirait encore en droit d'avancer, de soutenir, de démontrer *qu'il n'y a pas de loi.*

POST-SCRIPTUM.

25 mai.

On n'a pu avoir le rapport qu'hier matin : on n'a pas perdu de temps.

L'épisode des banquiers qui ont envoyé à la commission une note par laquelle ils se saignaient de 30,000,000 en faveur des moindres rentiers, avait fourni le sujet d'un appendix ; mais le *Journal des Débats* arrive, et, démentant ou mentant sans nulle vergogne, déclare que les banquiers ont dénié la note, que le ministre la nie, et que la commission la renie.

On ne savait que penser : on ne sait plus que dire.

Qu'en advient-il pour l'état? *le milliard perdu et retrouvé;* pour les banquiers, 30 millions perdus et retrouvés.

Tout est pour le mieux dans le meilleur des mondes possibles ; ainsi parlait *Pangloss.* Il serait si doux d'être un *Pangloss!*

Le coup est porté, les trente millions ne sortent plus de la bourse des banquiers ; mais aussi ils ne sortiront jamais de la tête des Français.

Que la loi se fasse ou ne se fasse pas, l'opinion publique est faite et parfaite. Un jour ou l'autre, sa voix tonnante se fera entendre ; et pour lors malheur, mille fois malheur à ceux-là qui ont toute honte bu :

« Sans doute, il se peut que les rentiers ne « soient pas sauvés ; mais il ne se peut pas que le « ministère se sauve ( *Paroles de justice et de rai-* « *son,* page

PARIS, DE L'IMPRIMERIE D'A. ÉGRON,
rue des Noyers, n° 37.